Acti-Vie 3

Soyons branchés!

IRÈNE BERNARD
Conceptrice de la série
Rédactrice et auteure principale
Université St. Francis Xavier

BEVERLEY BIGGAR
Rédactrice et auteure

NANCY DESROSIERS
Auteure
La commission scolaire de l'Ouest de l'Île-du-Prince-Édouard

PATRICIA HAMMOND
Auteure
Le conseil scolaire de Swift Current, division n°94

gage
EDUCATIONAL PUBLISHING COMPANY
A DIVISION OF CANADA PUBLISHING CORPORATION
Vancouver • Calgary • Toronto • London • Halifax

Une équipe de production branchée!	2-3
La technologie à l'école!	4-5
Entrevues : télévision et radio	6-7
Les correspondants sur l'Internet	8-9
Jeux de mots!	10-11
Coin des critiques : sites Web et logiciels	12-13
Bouche-trous : les bandes dessinées	14-15

et en plus...
Des revues branchées!	16-17
Pour créer des revues	18-19
Chanson des internautes	20

Une équipe de production branchée!

la présidente de la maison d'édition

1. Voici la réunion de l'équipe de production.
2. On commence à faire des recherches.
3. Les journalistes font des entrevues. Le photographe prend des photos.

4. Ensuite, les journalistes écrivent les articles.

5. Le rédacteur corrige les articles.

6. La directrice artistique fait la mise en page. Les artistes dessinent les illustrations.

7. L'équipe approuve la mise en page, les illustrations et le texte. On fait des corrections finales.

8. Nous voici à l'imprimerie. La revue est prête!

La technologie à l'école!

L'école River Oaks est située à Oakville. Il y a environ huit cents élèves à cette école.

Dans cette école, il y a des lecteurs de disque compact, des télévisions, des magnétoscopes et des télécopieurs. Dans chaque salle de classe, il y a des ordinateurs. Tous les ordinateurs sont connectés à l'Internet.

On utilise la technologie pour diverses raisons. La directrice utilise un ordinateur pour communiquer avec les enseignants. Le secrétaire utilise un télécopieur pour envoyer des documents. La bibliothécaire utilise un ordinateur pour chercher des livres. Les élèves utilisent des ordinateurs pour faire des recherches. Les enseignants utilisent des ordinateurs pour préparer des activités.

On est vraiment branché à l'école River Oaks!

Entrevues : télévision et radio

Robert Positano, l'intervieweur

A Une entrevue avec Lee

Robert : Quel âge as-tu, Lee?
Lee : J'ai onze ans.

Robert : Quel genre d'émission de télévision préfères-tu ?

Lee : Moi, je préfère les émissions de sport. Surtout les matchs de basket-ball.

Robert : Combien d'heures par semaine est-ce que tu regardes la télévision?

Lee : ...Peut-être cinq heures par semaine.

Robert : As-tu une télévision dans ta chambre?

Lee : Non.

Robert : Tu fais tes devoirs devant la télévision?

Lee : Parfois, mais ma mère n'aime pas ça!

Lee

POUR poser des questions

1. Tu as une radio dans ta chambre?
2. Est-ce que tu as une radio dans ta chambre?
3. As-tu une radio dans ta chambre?

B Une entrevue avec Nathalie

Robert : Nathalie, quel âge as-tu?

Nathalie : J'ai douze ans.

Robert : Quelle station de radio est-ce que tu écoutes?

Nathalie : Moi, j'écoute la station CJMO.

Robert : Quel genre de musique préfères-tu?

Nathalie : La musique rock, bien sûr!

Robert : Combien d'heures par semaine est-ce que tu écoutes la radio?

Nathalie : J'écoute la radio de quinze à vingt heures par semaine.

Robert : As-tu une radio dans ta chambre?

Nathalie : Oui... et j'ai un lecteur de disque compact.

Nathalie

2 Quel genre de musique préfères-tu?

rock	7
pop	6
country	4
rock léger	4
punk	2
autre	2
jazz	1
classique	0

1 Combien d'heures par semaine est-ce que tu regardes la télévision?

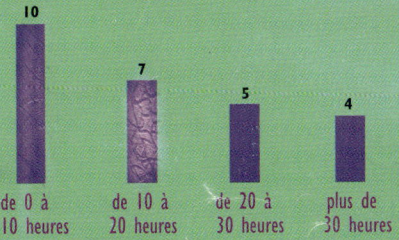

de 0 à 10 heures	de 10 à 20 heures	de 20 à 30 heures	plus de 30 heures
10	7	5	4

Les réponses de la classe de Mme Desrosiers de l'école Elm Street Elementary à Summerside à l'Île-du-Prince-Édouard.

Les correspondants sur l'Internet

Je m'appelle Réal Pelletier. Je suis un garçon de onze ans. J'habite à Lafayette en Louisiane. Je veux correspondre avec un garçon de dix à douze ans. Je parle français et anglais. J'adore la musique, surtout la musique cajun, le blues et le jazz.

courrier électronique :
rpell@cajun.usa.com

Je m'appelle Antoinette Palcy. Je suis une fille de treize ans. J'habite à Fort-de-France à la Martinique. Je veux correspondre avec une fille de onze à treize ans. Je parle français et créole. J'adore la technologie, surtout les ordinateurs et l'Internet.

courrier électronique :
apalc@marti.car.com

POUR parler de ce qu'on désire faire

Je veux correspondre avec une fille.
Tu veux correspondre avec un garçon?
Il veut correspondre avec un garçon.
Elle veut correspondre avec une fille.

Un message secret

A	B	C	D	E	F	G	H	I	J	K	L	M
26	25	24	23	22	21	20	19	18	17	16	15	14

N	O	P	Q	R	S	T	U	V	W	X	Y	Z
13	12	11	10	9	8	7	6	5	4	3	2	1

15 26   24 12 14 6 13 18 24 26 7 18 12 13   8 6 9   18 13 7 22 9 13 22 7

Des mots mêlés

1. lcetrue ed quesid tacpmco
2. rrrieuoc eéeioltrnquc
3. giciello
4. psctngmaéooe
5. rjoulan
6. némiioss

Coin des critiques :
sites Web et logiciels

Le site de la Découverte : Le rendez-vous des Débrouillards

http://decouverte.educ.infinit.net/cgi-decouverte/dec1.exe

- un site pour les passionnés de sciences
- des images colorées et des bandes dessinées
- des informations intéressantes et des activités interactives

http://www.ville.montreal.qc.ca/biodome/bdm.htm

Le site du Biodôme de Montréal

- un site pour les passionnés de biologie
- des informations intéressantes sur la nature
- des conseils intéressants pour protéger l'environnement

Le logiciel CD-ROM : Les passagers du soleil

© Infogrames Multimedia. Collection EUREKA

- un logiciel pour les passionnés de l'espace
- des informations historiques et scientifiques
- des graphiques et des couleurs extraordinaires

© Infogrames Multimedia. Collection EUREKA

Le logiciel CD-ROM : L'affaire Gutenberg

- un logiciel pour les passionnés des médias
- des jeux interactifs et de la musique
- des informations sur l'imprimerie et l'informatique

POUR faire des descriptions

des conseils intéressants
des informations intéressantes

13

Bouche-trous : les bandes dessinées

14

Des revues branchées!

Comment écrire un article

1. Utilisez un modèle.
2. Utilisez des ressources.
3. Organisez votre travail.
4. Faites un brouillon.
5. Faites des corrections.
6. Écrivez la copie finale.

POUR créer des revues

La technologie

Le matériel

une cassette
un CD-ROM
une chaîne de télévision
le courrier électronique
un disque compact
une disquette
l'informatique
l'Internet
un jeu vidéo
un logiciel
une page d'accueil
la radio
un site Web
une station de radio
la télévision
un vidéo

Les appareils

des écouteurs
un écran
une imprimante
un lecteur de CD-ROM
un lecteur de disque compact
un lecteur de disque vidéo
un magnétoscope
un ordinateur
un scanner d'ordinateur
une télécommande
un télécopieur
un téléphone cellulaire

Les émissions de télévision

une comédie
les dessins animés
un documentaire
une émission musicale
une émission de science-fiction
une émission de sport
un feuilleton
un film
un jeu
les nouvelles

La musique à la radio

le blues
le funk
le jazz
la musique alternative
la musique classique
la musique country
la musique disco
la musique folklorique
la musique pop
la musique rétro
la musique techno
le rap
le reggae
le rock

La presse

Les parties d'une publication

une annonce publicitaire
un article
une bande dessinée
un bouche-trou
la couverture
une critique
une entrevue
un graphique
une illustration
un journal
un magazine
la mise en page
une revue
le titre

Le personnel de presse

un artiste
une artiste
un correspondant
une correspondante
un directeur artistique
une directrice artistique
l'équipe de production
un journaliste
une journaliste
un photographe
une photographe
un rédacteur
une rédactrice

Chanson des internautes

Oh! Oh! Oh! Oui, j'adore les ordinateurs!
Je suis un internaute, c'est net
Je ne visite pas les planètes
J'atterris sur les sites Internet.

Oh! Oh! Oh! Oui, j'adore les ordinateurs!
Je ne voyage pas dans les airs
Je ne navigue pas sur la mer
L'Internet, c'est mon chemin de fer.

Oh! Oh! Oh! Oui, j'adore les ordinateurs!
Je fais du surf super vite
Je navigue comme une météorite
Pour aller de site en site.

Oh! Oh! Oh! Oui, j'adore les ordinateurs!
Je suis un visiteur très connu
Je visite Québec et Honolulu
Aux pages d'accueil, je suis bienvenu.

Oh! Oh! Oh! Oui, j'adore les ordinateurs!
Je suis un vrai touriste
Je suis toujours sur la piste
Des sons et des images réalistes.

Oh! Oh! Oh! Oui, j'adore les ordinateurs!
Oh! Oh! Oh! Oui, j'adore les ordinateurs!